En el parque

PJ Dietz y Lucía M. Sánchez

Vi un tobogán.

Vi un columpio.

4

Vi un banco.

Vi una mesa.

Vi un árbol.

Vi unas flores.

8

Vi un puente.

9

Vi unas escaleras.

Vi un cerco.

Vi una fuente.

2A Tarjeta de destrezas

Lector/a:_____ Salón:_____

Hábitos de lectura activa

1. Escuchar y recordar el título y la primera página.
2. Usar el título y la primera página para resolver las demás páginas.
3. Señalar cada palabra con el dedo a medida que leo.
4. Usar los espacios para separar las palabras.
5. Usar pistas del dibujo y la primera letra o sílaba para adivinar las palabras.
6. Contarle a alguien de qué se trata el libro.
7. Leer en casa cada noche.
8. "Leer" por mi cuenta.
9. Decir el sonido de las vocales y de 14 o más de las consonantes.
10. Usar los sonidos de consonantes y vocales para leer las sílabas en el reverso de esta tarjeta.

Yo puedo leer:

	Es una rana.		Es un sapo.
	Es un pájaro.		Es una jaula.
	Es una mujer.		Es una señora.

¿Qué palabra se corresponde con cada foto?

fuente

flores

columpio

tobogán

banco